IANE
ANTHONY
SEXY
SIDNEY
SOFIANE
ÉRIC
DENIS
RIE - HÉLÈNE
MIKE KORN
JOSETTE

Le Monde à L'Envers

2 : Envers et contre tous !

Dessinateur : **Horne**
Scénariste : **Romain Pujol**
Couleurs : **Benoît Bekaert**
Joël Odone et Nuria Sayago

D'après la chaîne YouTube *Le Monde à L'Envers*

soleil

Merci à Romain et Horne pour ces superbes moments d'écriture.
Merci à nos familles d'être toujours les premiers à acheter nos créations.
Merci à toi qui liras chaque page de cet œuvre. Ton soutien compte énormément.
Et enfin, merci à l'arbre qui a servi à produire ce papier sans qui cet album n'aurait pas pu exister.

Jenny et Valentin

Je remercie le Covid qui me permet plus que jamais d'être enfermé chez moi pour travailler.
Merci à mes co-auteurs, éditeur et coloristes qui remettent un peu de bonne humeur en ces temps troublés.
Je dédie ce livre à Philippe Etchebest.

Romain Pujol

Je remercie la télé, le cinéma, les séries, la musique, la peinture et la littérature pour toutes les références qu'ils m'ont permis de cacher dans cette bande dessinée ! À vous de toutes les trouver !

Horne

Déjà paru :

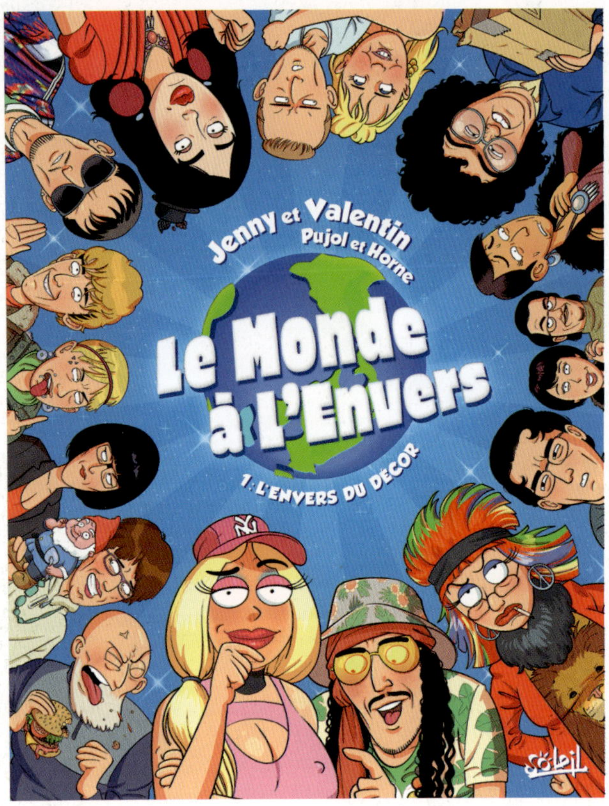

Du même dessinateur, Horne :

Aux Éditions Delcourt
- L'Homme de l'année (tome 2) - scénario de Corbeyran
- Le Maître de jeu (tomes 5 et 6) - scénario de Corbeyran
- Malpasset - scénario de Corbeyran
- La Métamorphose, de Franz Kafka - scénario de Corbeyran
- Réincarnations (un volume) - scénario de Corbeyran
- Zodiaque (tome 2) - scénario de Corbeyran

Aux Éditions Les Deux Royaumes
- Watch Dogs (deux volumes) - scénario de Kansara

Aux Éditions Glénat
- Liber Pater - scénario de Corbeyran

Aux Éditions Marabout
- Elle s'appelait Sarah - scénario de Bresson
- Lennon - coscénario de Corbeyran et Foenkios
- Le Quatrième mur - scénario de Corbeyran
- Tête de vache - scénario de Corbeyran

Aux Éditions Vents d'Ouest
- Le Port de la Lune (deux volumes) - coscénario de Gourdon et Corbeyran

Du même auteur, Romain Pujol :

Aux Éditions Milan
- Avni (sept volumes) – dessin de Vincent Caut
- Balez et Malina (deux volumes) avec Thitaume - dessin de Baptiste Amsallem

Aux Éditions Les deux royaumes
- Les Lapins Crétins (volumes 1 à 9) – scénario de Thitaume

www.editions-soleil.fr

Éditeur: Jean Wacquet

D'après la chaîne YouTube *Le Monde à L'Envers*

Soleil – 44, rue Baudin 83000 Toulon – France
Soleil Paris – 8, rue Léon Jouhaux 75010 Paris – France

Conception et réalisation graphique: Studio Delcourt / Soleil
Illustration de 4e de couverture : Lucas Pastor
Dépôt légal: Mai 2021 – ISBN: 978-2-302-08976-1
Première édition

Achevé d'imprimer en avril 2021 sur les presses de l'imprimerie PPO, à Palaiseau, France

À L'ÉTAT NATUREL

UNE JUNGLE TROPICALE, UN DÉSERT ARDENT OU UNE FORÊT HOSTILE ? RIEN NE FAIT PEUR À L'AVENTURIER MIKE KORN ! NE ZAPPEZ PAS... VOUS REGARDEZ... *À L'ÉTAT NATUREL* !
AVEC MIKE KORN
QUAND LE NUIT COMMENCE À TOMBER, IL FAUT ÊTRE TRÈS PRUDENT DANS LE FORÊT.
TCHAC
PARFOIS, AVEC LE CHANCE, ON PEUT TROUVER DES BAIES SAUVAGES JUSTE AVANT DE DORMIR !
MAIS GARDEZ BIEN EN TÊTE QUE DANGEREUX PRÉDATEUR PEUT ATTAQUER À TOUT MOMENT !
L'AVANTAGE, C'EST QUE LE ANIMAL EST UNE BELLE RESSOURCE POUR LE AVENTURIER.
J'AVAIS COMMENCÉ UNE ABRI MAIS MOI AVOIR MEILLEURE IDÉE : OUVRIR LE ANIMAL EN DEUX ! LA CHALEUR DE SA CORPS VA ME PROTÉGER DU FROID GLACIAL.
NATURE EST VIOLENTE, MAIS LE SURVIE EN DÉPEND.
IL FAUT PAS AVOIR PEUR DE SE SALIR LES MAINS... D'AILLEURS...
PRRFOUII
EN ÉTALANT LA CACA PARTOUT, C'EST UNE BON MOYEN POUR MARQUER SA TERRITOIRE ET ÉLOIGNER LES ANIMALS TERRORISTES !
MOI ÊTRE EXTÉNUÉ. BESOIN RECHARGER MON BATTERIE...
À DEMAIN, LES AMIS...

»

EUH... JE PEUX SAVOIR CE QUE VOUS FOUTEZ DANS MON JARDIN ?
BOUHOUHOU !! IL A TUÉ MILOU !!!
MILOU
MILOU

NOUVEAU STYLE POUR UNE NOUVELLE VIE

CRISTINA, VOUS PENSEZ VRAIMENT POUVOIR FAIRE QUELQUE CHOSE POUR RELOOKER MON HORRIBLE MARI ?
MAIS BIEN SÛR, MA CHÉRIE ! JE VAIS FAIRE DES MERVEILLES.
UNE HEURE PLUS TARD...
ET VOILÀ, MA CHÉRIE !!!
WAOOOUU !
JE SAIS VRAIMENT PAS COMMENT VOUS AVEZ FAIT, MAIS ON DIRAIT UNE AUTRE PERSONNE !
TU ES PRÊTE À DÉCOUVRIR TA NOUVELLE ROBE, SIDNEY ?
CARRÉMENT, WESH !
TADAAAA !
WAAAH ! TROP STYLÉ, WESH !
PAR CONTRE, C'EST CHELOU ! LE TEXTE, IL EST ÉCRIT À L'ENVERS !
QU'EST-CE QUE ?!
MAIS C'EST KWA, CES LOOKS ?!

EXTREME RELOOKING

C'EST VRAI, TU ES DÉGUEUE, MA CHÉRIE... MAIS JE TE CONFIE AUX FRÈRES BRULET, DES PROS DE LA CHIRURGIE ! ILS VONT TE RENDRE MAGNIFAÏK.
D-D'AC-CORD !
Cabinet de Chirurgie Plastique
EFFECTIVEMENT, Y A PAS MAL DE BOULOT.
QU'EST-CE QUE VOUS ALLEZ FAIRE ?
IL FAUT TOUT REPENSER, REPARTIR DE ZÉRO.
DÉJÀ, LA TÊTE VA PAS.
IL FAUT RÉDUIRE LES JOUES...
DESCENDRE LES ÉPAULES...
CREUSER LES HANCHES...
REMONTER LES NICHONS ...
ÇA ME FOUT LES JETONS...
MAIS NON, FAUT PAS AVOIR PEUR !
TOUT VA BIEN SE PASSER ! ÇA FAIT DES ANNÉES QU'ON EXERCE !
IL A RAISON, VOUS POUVEZ NOUS FAIRE CONFIANCE !
SUIVEZ-NOUS, ON VA VOUS INSTALLER.
OK... ÇA ME RASSURE UN PEU...
Tête
Joues
Collier
Talon de Collier
Surlonge
Paleron
Côtes couvertes à la Noix
Faux Filet
Aloyau
Culotte
Filet
Tranche Grasse
Gite à la Noix
Quasi
Boite à Moëlle
Plates côtes
Bavette d'Aloyau
Poitrine
Gite ou Trumeau
Poitrine
Flanchet ou Pis
Gite ou Trumeau
Gite ou Trumeau
Cross
Crosse
Crosse

EXPOSITION PICASSO
HMM...
BAH, T'ÉTAIS PASSÉ OÙ ?
PARTI CHERCHER DE L'INSPIRATION...
QU'EST-CE QUE VOUS M'AVEZ FAIT ?! COMMENT JE VAIS FAIRE POUR RETROUVER DU TRAVAIL AVEC CETTE TRONCHE, MOI ?
NE VOUS INQUIÉTEZ PAS...
ON A NOS CONTACTS.
?
FREAK SHOW
ET APRÈS LES SŒURS SIAMOISES, VOICI L'HOMME PHACOCHÈRE !
WOOOOHH WOOHHH!!
CABINET DE CHIRURGIE PLASTIQUE
QUAND VOUS DISIEZ QUE TOUS LES GARÇONS SERAIENT À MES PIEDS, J'IMAGINAIS UN AUTRE GENRE DE RÉACTION...
AAHHHH AAHHHHHA
BEARRR
UHUUHH

TV SHOPPING
PIERRE ET MOI-MÊME SOMMES TRÈS FIERS DE VENDRE SUR CE PLATEAU UN MÉDICAMENT QUI EFFACERA LE DÉSESPOIR DE NOS AMIS LES CHAUVES !
EN EFFET, MARIE-HÉLÈNE ! NOS LABORATOIRES ONT ÉLABORÉ UNE RECETTE SECRÈTE POUR UN PRODUIT RÉ-VO-LU-TION-NAIRE !
DITES ADIEU À VOTRE CALVITIE GRÂCE À...
RADIO AC TIF
99€
LA SEULE BOISSON ÉNERGISANTE CAPABLE DE REFAIRE POUSSER LES CHEVEUX !
NOUS RECEVONS NOTRE SPÉCIALISTE !
DITES-NOUS, CHRISTINE, QUE PENSEZ-VOUS DE NOTRE PRODUIT ?
C'EST UN MIRACLE... TOUT SIMPLEMENT !
UN SHAKER DE « RADIOAC'TIF » TOUS LES MATINS A SUFFI POUR FAIRE POUSSER UNE TOISON BRILLANTE ET RÉSISTANTE.
En seulement 2 semaines
AVANT
APRÈS
MAIS ATTENDEZ... TOUT ÇA SANS AUCUN EFFET SECONDAIRE ?!
ABSOLUMENT RIEN ! DES BRUITS DE COULOIR PARLENT DE BOUTONS, DE POUSSÉES DE POILS ET D'ONGLES... VOIRE DE DENTS QUI TOMBENT...
... MAIS CE NE SONT QUE DES RUMEURS !
HA HA ! C'EST TELLEMENT NUL, LES TÉLÉ-ACHATS !
JE ME DEMANDE QUI EST ASSEZ STUPIDE POUR ACHETER DES PRODUITS AUSSI NASES...
JURASSIC WORMS
DES GENS NAÏFS, SÛREMENT...

ANTHO GAMING : OBJECTIF 100 000 ABONNÉS

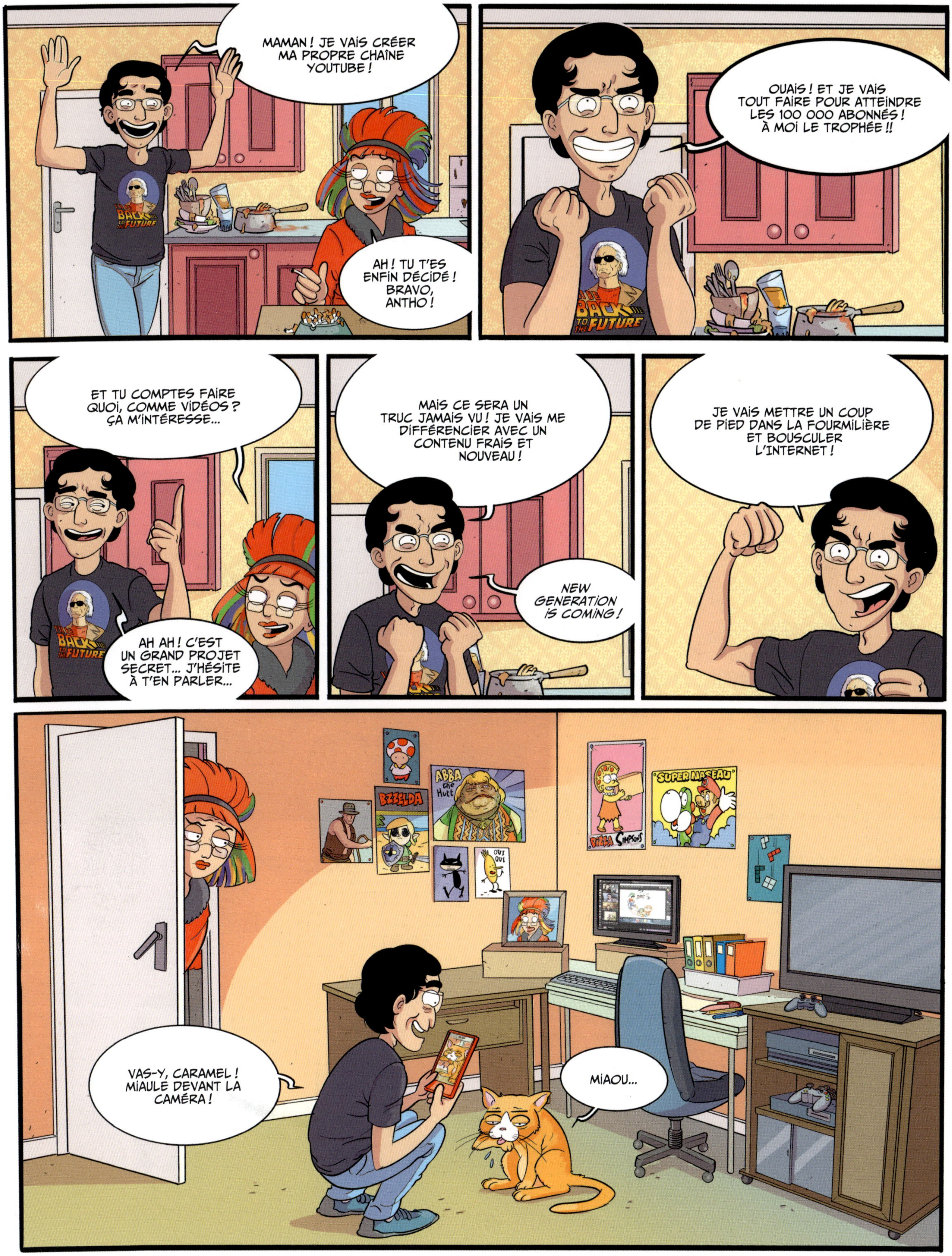

MAMAN ! JE VAIS CRÉER MA PROPRE CHAÎNE YOUTUBE !
AH ! TU T'ES ENFIN DÉCIDÉ ! BRAVO, ANTHO !
OUAIS ! ET JE VAIS TOUT FAIRE POUR ATTEINDRE LES 100 000 ABONNÉS ! À MOI LE TROPHÉE !!
ET TU COMPTES FAIRE QUOI, COMME VIDÉOS ? ÇA M'INTÉRESSE...
AH AH ! C'EST UN GRAND PROJET SECRET... J'HÉSITE À T'EN PARLER...
MAIS CE SERA UN TRUC JAMAIS VU ! JE VAIS ME DIFFÉRENCIER AVEC UN CONTENU FRAIS ET NOUVEAU !
NEW GENERATION IS COMING !
JE VAIS METTRE UN COUP DE PIED DANS LA FOURMILIÈRE ET BOUSCULER L'INTERNET !
VAS-Y, CARAMEL ! MIAULE DEVANT LA CAMÉRA !
MIAOU...

ANTHO GAMING : OBJECTIF 100 000 ABONNÉS

ANTHO, ÇA VA ?
N'ENTRE PAS, MAMAN !
OK... JUSTE POUR SAVOIR... ÇA DONNE QUOI, TA VIDÉO AVEC LE CHAT ?
IL A VRAIMENT TOUT DÉCHIRÉ !!!
WORK IN PROGRESS
SCRIITCH SCRIITCH
J'EN AI MARRE DE RANGER MA CHAMBRE !
J'AI BESOIN DE ME CHANGER LES IDÉES. GO POUR UNE PARTIE DE JEUX VIDÉO !
PIZZA SIMPSONS
Bestiol Crossing
EH BEN ? TU JETTES LES AFFAIRES DE TON CHAT ?
OUAIS, IL M'A TROP SAOULÉ.
T'ARRÊTES LES VIDÉOS, ALORS ?
PAS DU TOUT ! D'AILLEURS, IL M'A AIDÉ POUR LA PROCHAINE.
YO ! SALUT, LES AMIS ! BIENVENUE DANS CETTE PETITE VIDÉO *UNBOXING* !
AUJOURD'HUI, ON VA OUVRIR CARAMEL !
GAME OVER

BONJOUR À TOUS ! ET BIENVENUE DANS L'ÉPISODE 2 DE KOKO LANTA !
Les MAÏTIKA
MARGOT
MAXIMILIEN
FABIENNE
SOUNDIR
MIREILLE
WILL
JEAN PHI
CAMILLE
DAMIEN
Les PIKACHU
MOHAMED
NICOLAS
ARNAUD
SOPHIE
YVONNE
RODOLPHE
STELLA
NATACHA
ILS NE SONT PLUS QUE 16 CANDIDATS. À LA FIN, IL N'EN RESTERA QU'UN !
ET AUJOURD'HUI, NOUS SOMMES AU CŒUR DE L'ÎLE POUR UNE ÉPREUVE EN COOPÉRATION !
L'OBJECTIF EST SIMPLE : ATTEINDRE LE TOTEM ! POUR CELA, UN JAUNE ET UN ROUGE AURONT LES YEUX BANDÉS ET SERONT GUIDÉS PAR LA VOIX D'UN COÉQUIPIER SITUÉ SUR CE MARQUAGE.
SOUNDIR, MARGOT... VOUS REPRÉSENTEREZ LES ROUGES.
ET RODOLPHE, YVONNE, VOUS REPRÉSENTEREZ LES JAUNES.
OK.
GRMBL...
D'ACCORD.
VOUS ÊTES PRÊTS ?
QUE L'AVENTURE COMMENCE... MAINTENANT !
FONCE, MARGOT !
ALLEZ, RODOLPHE !
EXCUSEZ-MOI, DENIS... JE PEUX VOUS PARLER ?
VOUS AVEZ MIS RODOLPHE AVEC YVONNE, MAIS ILS NE PEUVENT PAS SE BLAIRER...
NOUS LE SAVONS... MAIS C'EST UNE ÉPREUVE QUI FAVORISE LA COMMUNICATION...
ET PUIS CE SERA L'OCCASION POUR LES TÉLÉSPECTATEURS D'ADMIRER LA BEAUTÉ DE L'ESPRIT D'ÉQUIPE.
JE SUIS SÛR QU'ON VA ÊTRE SURPRIS !
VAS-Y, RODOLPHE ! TOUT DROIT, TU Y ES PRESQUE !

CAUCHEMAR AU RESTAU

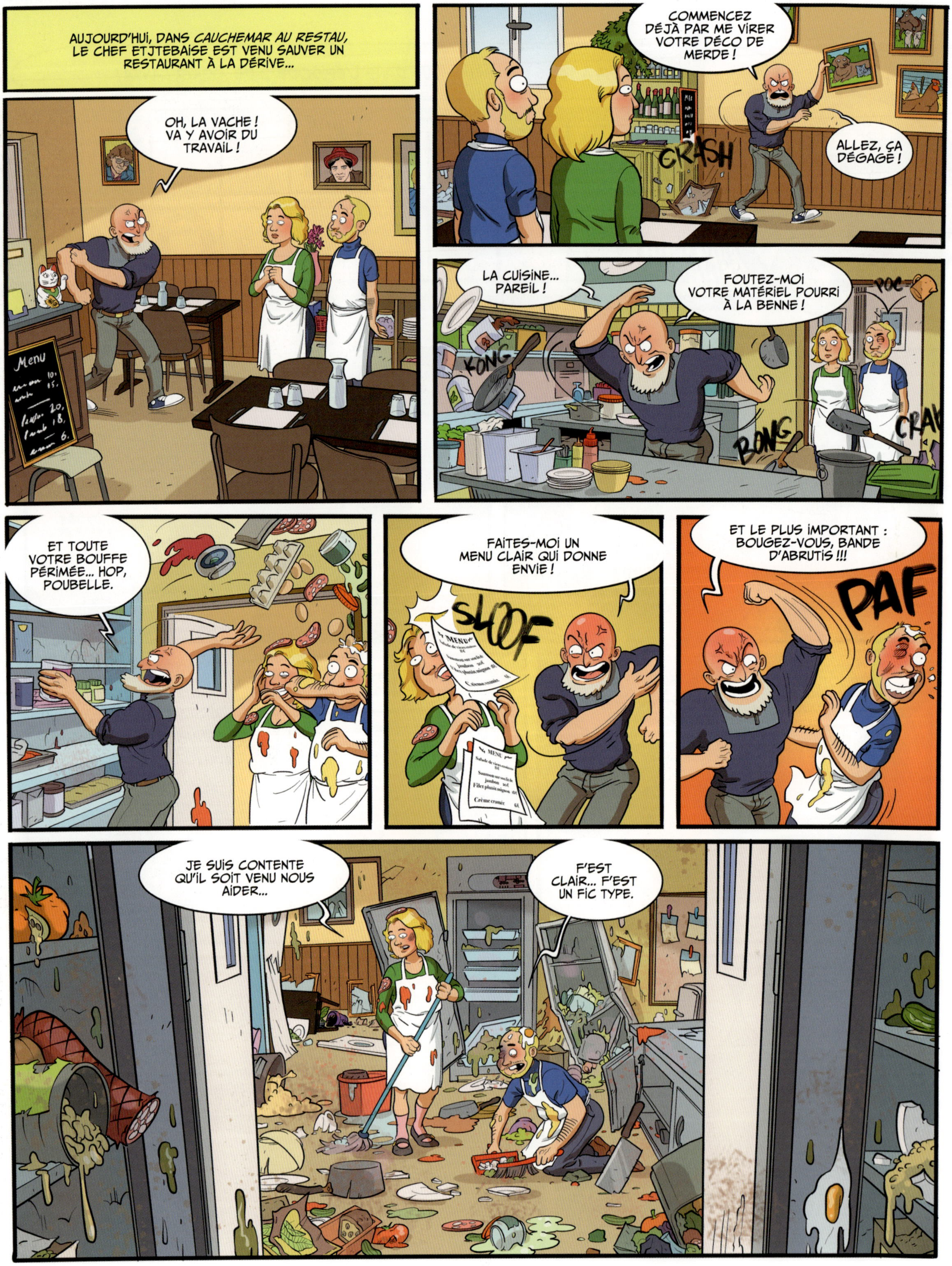
AUJOURD'HUI, DANS *CAUCHEMAR AU RESTAU*, LE CHEF ETJTEBAISE EST VENU SAUVER UN RESTAURANT À LA DÉRIVE...
OH, LA VACHE ! VA Y AVOIR DU TRAVAIL !
COMMENCEZ DÉJÀ PAR ME VIRER VOTRE DÉCO DE MERDE !
CRASH
ALLEZ, ÇA DÉGAGE !
LA CUISINE... PAREIL !
FOUTEZ-MOI VOTRE MATÉRIEL POURRI À LA BENNE !
KONG
POC
BONG
ET TOUTE VOTRE BOUFFE PÉRIMÉE... HOP, POUBELLE.
FAITES-MOI UN MENU CLAIR QUI DONNE ENVIE !
SLOOF
ET LE PLUS IMPORTANT : BOUGEZ-VOUS, BANDE D'ABRUTIS !!!
PAF
JE SUIS CONTENTE QU'IL SOIT VENU NOUS AIDER...
F'EST CLAIR... F'EST UN FIC TYPE.

CAUCHEMAR AU RESTAU

CETTE SEMAINE, LE CHEF ETJTEBAISE VIENT EN AIDE AU RESTAURANT LE *MIC-MAC* !
SI VOUS VOULEZ TRAVAILLER DANS LA RESTAURATION, IL VA FALLOIR VOUS Y CONNAÎTRE UN MINIMUM...
N'EXAGÉRONS PAS... ON N'EST PAS À CÔTÉ DE LA PLAQUE... SI ?
C'EST CE QU'ON VA VOIR ! ET SI VOUS COMMENCIEZ PAR DRESSER LA TABLE ?
EUH... D'ACCORD...
ET HOP !
DONNE LA PATTE !
COUCHÉE !
FAIS LA BELLE !
BON... J'ESPÈRE QUE VOUS SAVEZ CUISINER, AU MOINS...
PRÉPAREZ-MOI UN FILET-MIGNON !
OK !
...
VOUS SAVEZ QUOI ? LAISSEZ TOMBER, JE PRENDRAI JUSTE UN CAFÉ ALLONGÉ.

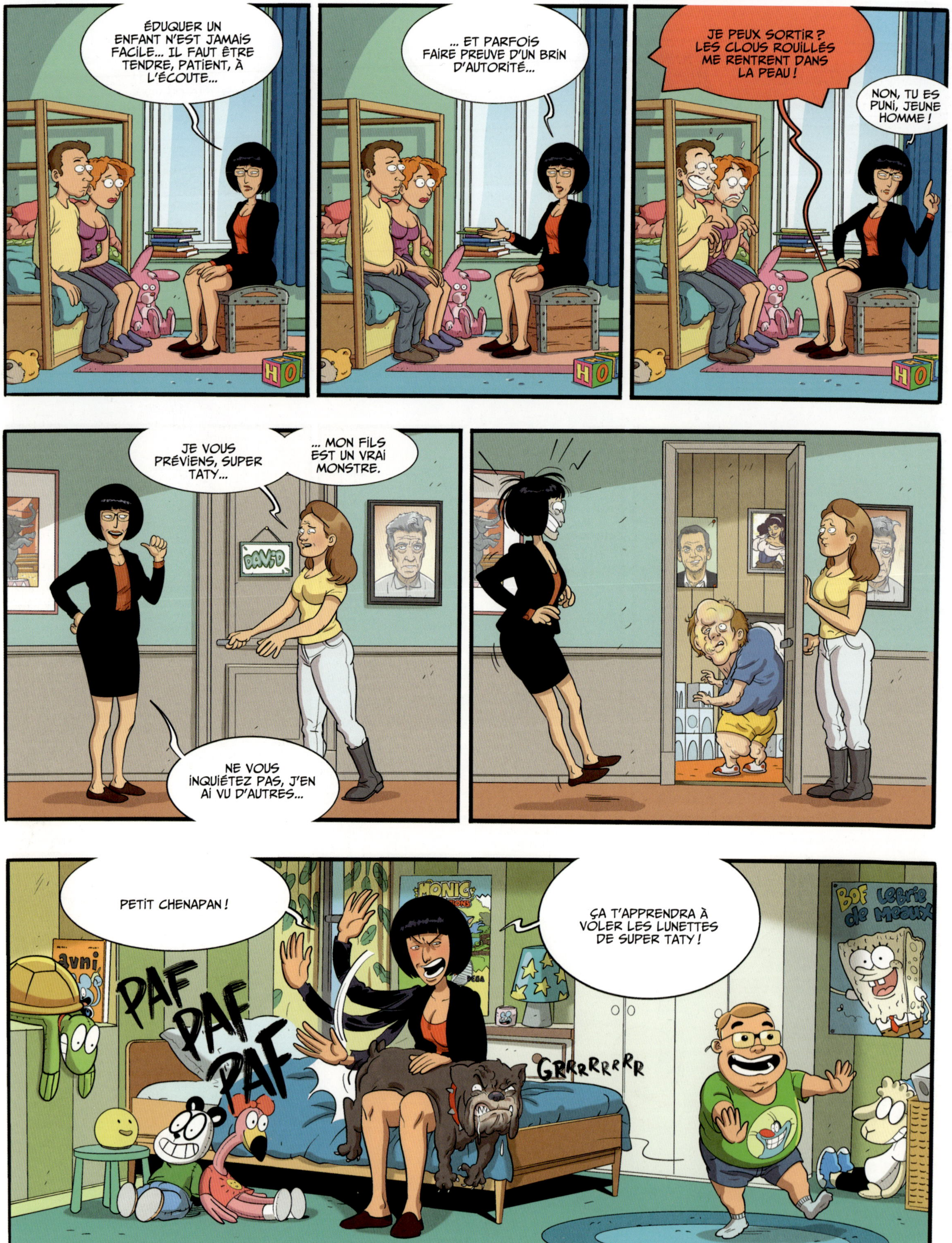
ÉDUQUER UN ENFANT N'EST JAMAIS FACILE... IL FAUT ÊTRE TENDRE, PATIENT, À L'ÉCOUTE...
... ET PARFOIS FAIRE PREUVE D'UN BRIN D'AUTORITÉ...
JE PEUX SORTIR ? LES CLOUS ROUILLÉS ME RENTRENT DANS LA PEAU !
NON, TU ES PUNI, JEUNE HOMME !
JE VOUS PRÉVIENS, SUPER TATY...
... MON FILS EST UN VRAI MONSTRE.
DAVID
NE VOUS INQUIÉTEZ PAS, J'EN AI VU D'AUTRES...
PETIT CHENAPAN !
ÇA T'APPRENDRA À VOLER LES LUNETTES DE SUPER TATY !
PAF
PAF
PAF
GRRRRRRRR
BOF Lebrie de Meaux

YOOO ! SALUT SALUT, LES AMIS ! J'ESPÈRE QUE VOUS ALLEZ BIEN ! MOI, ÇA VA SUPER ! JE SUIS AVEC MISS JIJI !
COUCOU !
MISS ME FAIT DÉCOUVRIR LE MONDE MERVEILLEUX DES SPÉCIMONS ! JE VAIS OUVRIR MON PREMIER BOOSTER ! ALORS, N'OUBLIEZ PAS DE VOUS ABONNER ! ON VEUT LE TROPHÉE DES 100 000 ABONNÉS !
SPÉCIMON
Testicool 69
TESTICOOL !
Coucouxclan 666
COUCOUXCLAN !
Cyranosaure 890
CYRANOSAURE !
Rototo 000
ROTOTO !
QUOI ? ENCORE TESTICOOL ?!
VAS-Y, JE COUPE LA VIDÉO !
C'EST QUOI, CE JEU TOUT POURRI ? J'AI DÉJÀ DES DOUBLES !
MAIS ENFIN, GÂCHE PAS TOUT !
CLAP
C'EST NORMAL D'AVOIR DES DOUBLES !
POUR AVOIR UNE BELLE COLLECTION COMME LA MIENNE ET ÊTRE FAMOUS, IL TE FAUT LES ÉCHANGER !
ÇA VA, JE SAIS... J'SUIS PAS CON, NON PLUS !
OÙ EST-CE QU'ON PEUT BIEN ÉCHANGER CES TRUCS-LÀ ?
Club Echangiste
VOUS ÊTES INTÉRESSÉ PAR MON TESTI-COOL ?
JE T'EN PRIE, ASSIEDS-TOI... ON VA DISCUTER...

EXTREME RELOOKING

QU'EST-CE QUE VOUS POUVEZ FAIRE POUR M'AIDER À AVOIR UN VENTRE PLAT ? LIPOSUCCION ? CRYOLIPOLYSE ?
NE VOUS INQUIÉTEZ PAS, NOUS SOMMES DES PROFESSIONNELS !
ON A DES SOLUTIONS PLUS RAPIDES.
DITES, COMMENT AVEZ-VOUS APPRIS LE MÉTIER DE CHIRURGIEN ?
HMMM… C'EST UN JOB COMPLEXE.
LES ÉTUDES SONT LONGUES ET DIFFICILES.
QUELQUES ANNÉES PLUS TÔT…
FAIS GAFFE ! T'AS ENCORE TOUCHÉ L'ARTÈRE !
DOCTEUR BOUBOUL
ET VOILÀ, M. WACQUET, ENCORE QUELQUES PETITES BANDELETTES…
PRÊT À VOIR LE RÉSULTAT ?
QUOI ?! MAIS QU'EST-CE QUE VOUS AVEZ FOUTU ?! C'EST HORRIBLE !!!
J'AVAIS DEMANDÉ À RESSEMBLER À IGOR BOGDANOFF ! PAS À SON FRÈRE !

Les dossiers secrets des frères Brulet !

Saurais-tu deviner de quoi a voulu se faire opérer Natacha ?

AVANT
APRÈS

MAIS QU'EST-CE QUE VOUS AVEZ FICHU ?!!
J'ÉTAIS VENUE POUR ME FAIRE OPÉRER DU NEZ !
BEN OUI !
MAIS DÉSORMAIS, ON NE LE REMARQUE PLUS !

Réponse

DANS L'INTIMITÉ DE SIDNEY

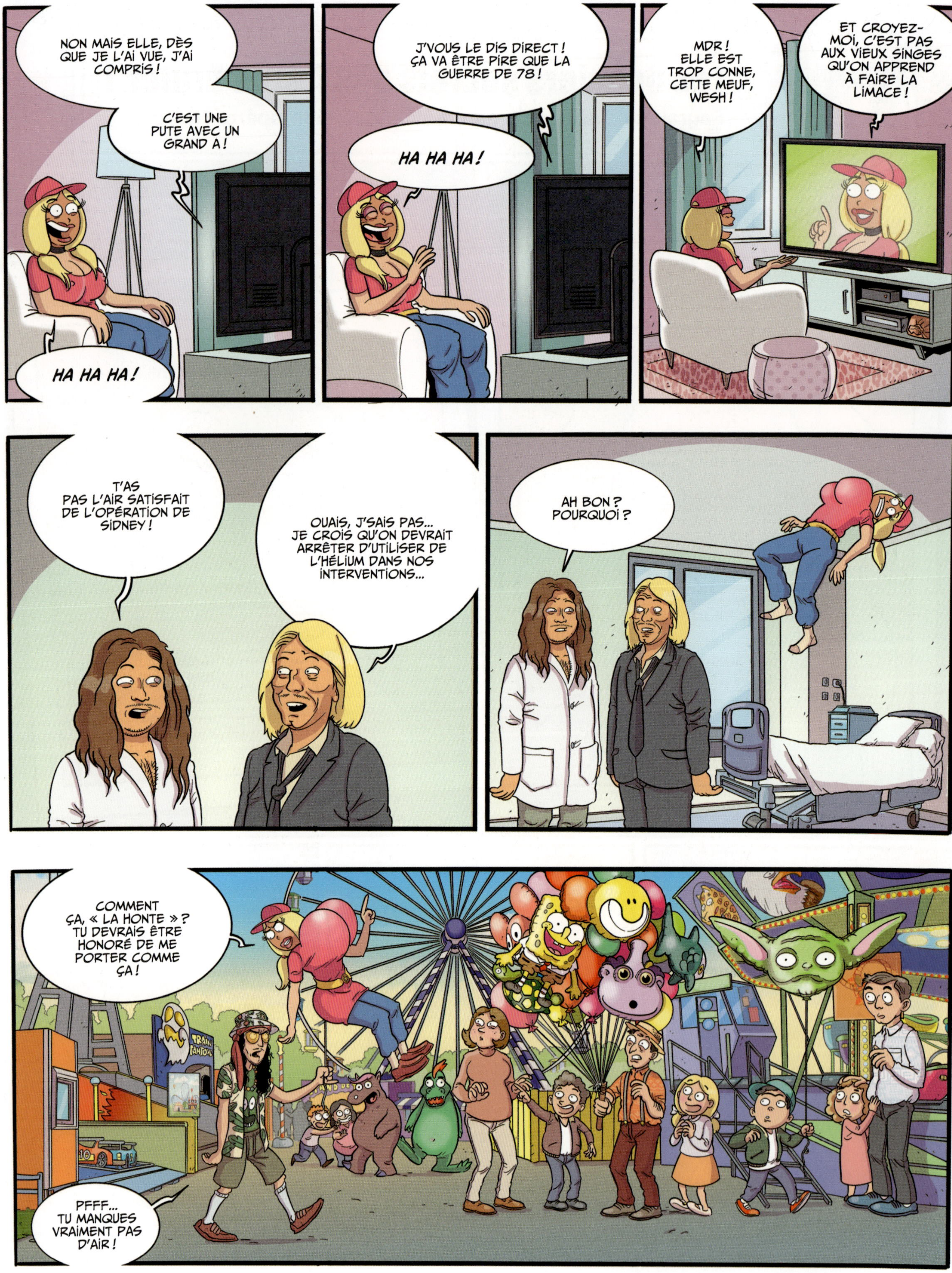
NON MAIS ELLE, DÈS QUE JE L'AI VUE, J'AI COMPRIS !
C'EST UNE PUTE AVEC UN GRAND A !
HA HA HA !
J'VOUS LE DIS DIRECT ! ÇA VA ÊTRE PIRE QUE LA GUERRE DE 78 !
HA HA HA !
MDR ! ELLE EST TROP CONNE, CETTE MEUF, WESH !
ET CROYEZ-MOI, C'EST PAS AUX VIEUX SINGES QU'ON APPREND À FAIRE LA LIMACE !
T'AS PAS L'AIR SATISFAIT DE L'OPÉRATION DE SIDNEY !
OUAIS, J'SAIS PAS... JE CROIS QU'ON DEVRAIT ARRÊTER D'UTILISER DE L'HÉLIUM DANS NOS INTERVENTIONS...
AH BON ? POURQUOI ?
COMMENT ÇA, « LA HONTE » ? TU DEVRAIS ÊTRE HONORÉ DE ME PORTER COMME ÇA !
PFFF... TU MANQUES VRAIMENT PAS D'AIR !

DANS L'INTIMITÉ DE SIDNEY ET VINCE

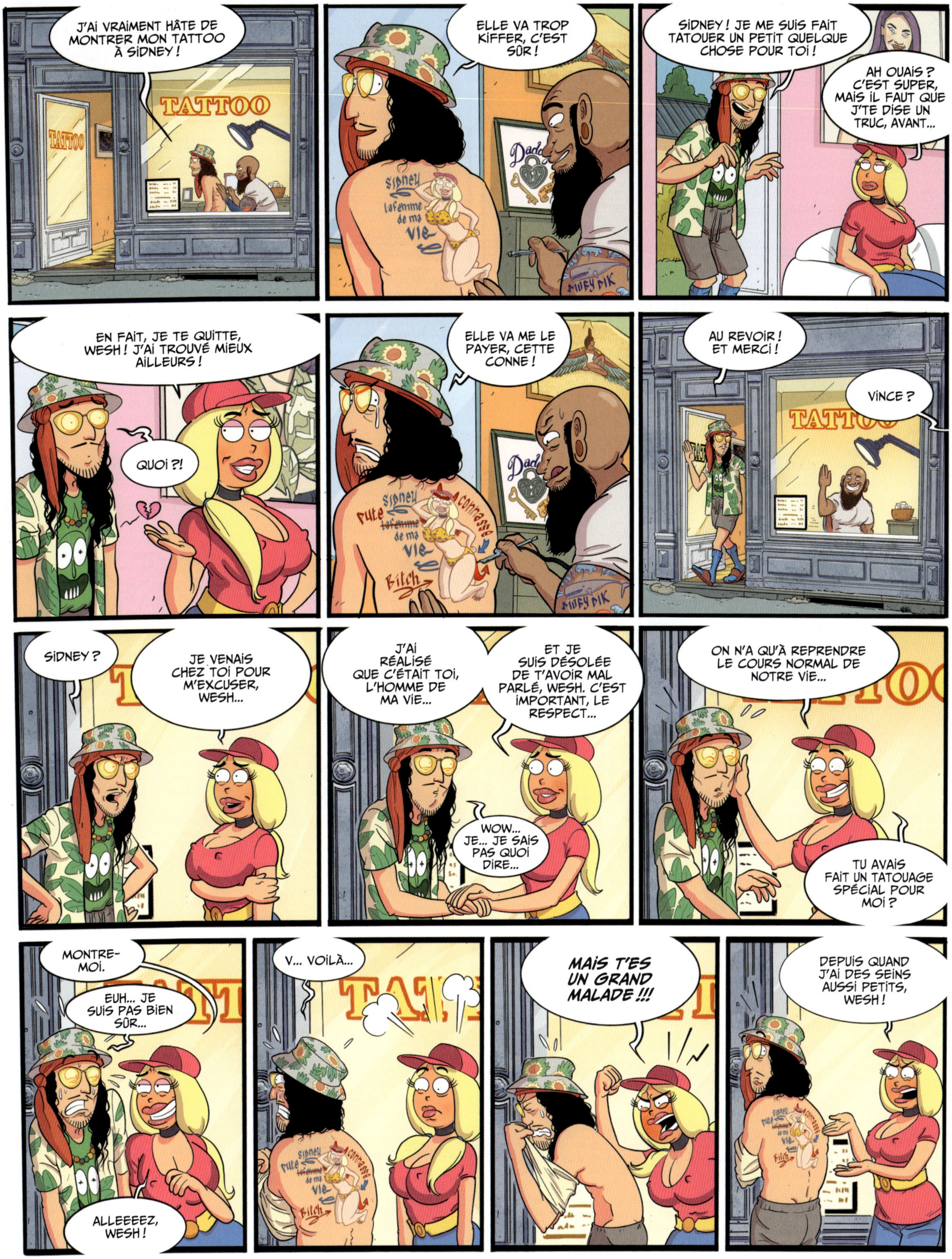

J'AI VRAIMENT HÂTE DE MONTRER MON TATTOO À SIDNEY !
TATTOO
TATTOO
ELLE VA TROP KIFFER, C'EST SÛR !
Sidney la femme de ma vie
MOBY DIK
SIDNEY ! JE ME SUIS FAIT TATOUER UN PETIT QUELQUE CHOSE POUR TOI !
AH OUAIS ? C'EST SUPER, MAIS IL FAUT QUE J'TE DISE UN TRUC, AVANT...
EN FAIT, JE TE QUITTE, WESH ! J'AI TROUVÉ MIEUX AILLEURS !
QUOI ?!
ELLE VA ME LE PAYER, CETTE CONNE !
Sidney pute la femme de ma vie connasse Bitch
MOBY DIK
AU REVOIR ! ET MERCI !
VINCE ?
TATTOO
SIDNEY ?
JE VENAIS CHEZ TOI POUR M'EXCUSER, WESH...
J'AI RÉALISÉ QUE C'ÉTAIT TOI, L'HOMME DE MA VIE...
ET JE SUIS DÉSOLÉE DE T'AVOIR MAL PARLÉ, WESH. C'EST IMPORTANT, LE RESPECT...
WOW... JE... JE SAIS PAS QUOI DIRE...
ON N'A QU'À REPRENDRE LE COURS NORMAL DE NOTRE VIE...
TU AVAIS FAIT UN TATOUAGE SPÉCIAL POUR MOI ?
MONTRE-MOI.
EUH... JE SUIS PAS BIEN SÛR...
ALLEEEEZ, WESH !
V... VOILÀ...
MAIS T'ES UN GRAND MALADE !!!
DEPUIS QUAND J'AI DES SEINS AUSSI PETITS, WESH !

HÉ ! SALUT, LES AMIS ! ON EST TOUJOURS SUR L'OBJECTIF DES 100 000 ABONNÉS !
ET POUR L'ATTEINDRE, JE VOUS PROPOSE UN CHALLENGE DÉGUSTATION !
VOICI 50 BURGERS ACHETÉS DANS UNE CÉLÈBRE ENSEIGNE DE FAST-FOOD ! REGARDEZ-MOI CETTE MONTAGNE DE CALORIES !
ON VA ESSAYER DE TOUT DÉGUSTER ! ON BÉGAYE PAS !
VOUS ÊTES PRÊTS ?
CH'EST PARTI !
BLEUARG

CAUCHEMAR AU RESTAU

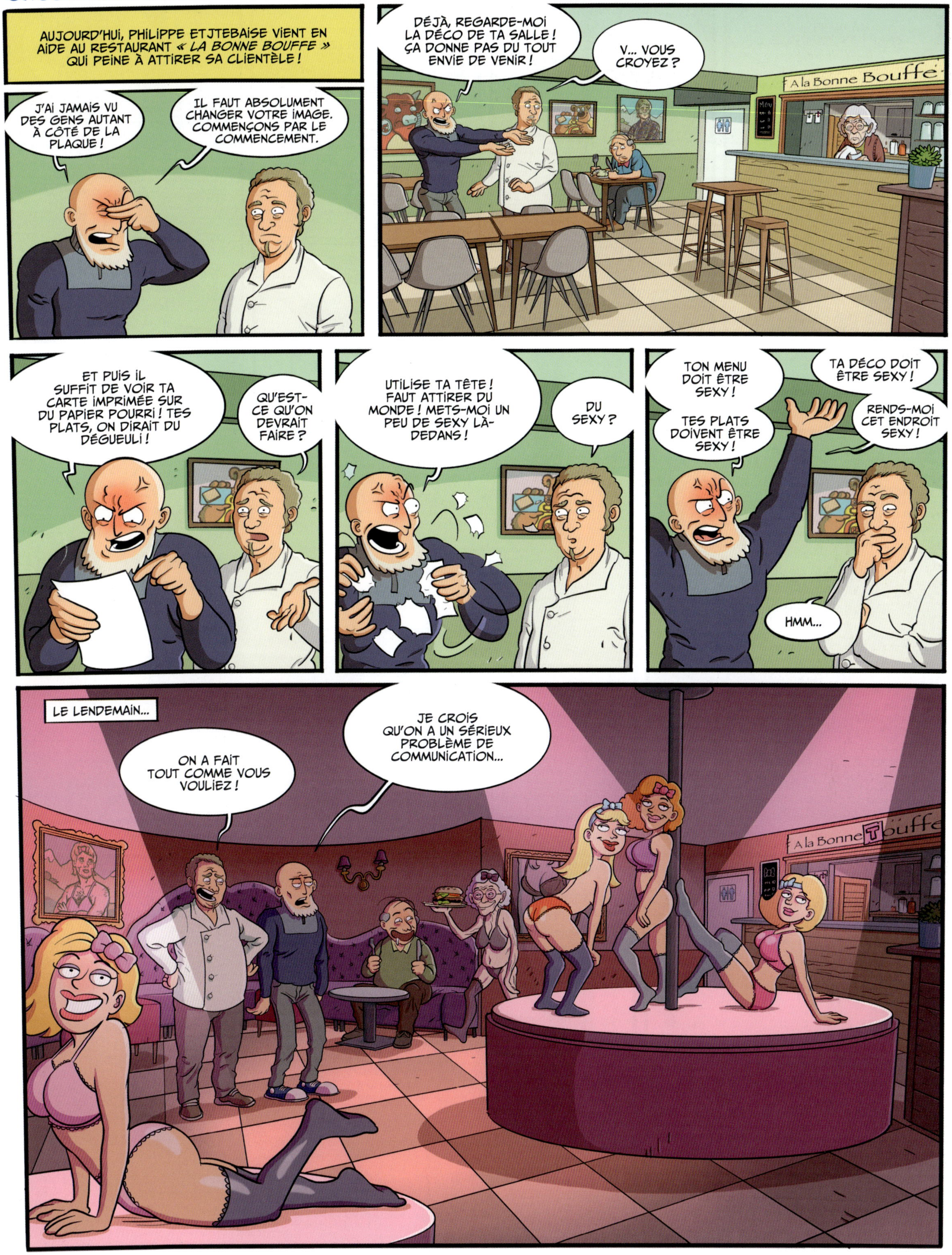

AUJOURD'HUI, PHILIPPE ETJTEBAISE VIENT EN AIDE AU RESTAURANT « *LA BONNE BOUFFE* » QUI PEINE À ATTIRER SA CLIENTÈLE !
J'AI JAMAIS VU DES GENS AUTANT À CÔTÉ DE LA PLAQUE !
IL FAUT ABSOLUMENT CHANGER VOTRE IMAGE. COMMENÇONS PAR LE COMMENCEMENT.
DÉJÀ, REGARDE-MOI LA DÉCO DE TA SALLE ! ÇA DONNE PAS DU TOUT ENVIE DE VENIR !
V... VOUS CROYEZ ?
A la Bonne Bouffe
ET PUIS IL SUFFIT DE VOIR TA CARTE IMPRIMÉE SUR DU PAPIER POURRI ! TES PLATS, ON DIRAIT DU DÉGUEULI !
QU'EST-CE QU'ON DEVRAIT FAIRE ?
UTILISE TA TÊTE ! FAUT ATTIRER DU MONDE ! METS-MOI UN PEU DE SEXY LÀ-DEDANS !
DU SEXY ?
TON MENU DOIT ÊTRE SEXY !
TES PLATS DOIVENT ÊTRE SEXY !
TA DÉCO DOIT ÊTRE SEXY !
RENDS-MOI CET ENDROIT SEXY !
HMM...
LE LENDEMAIN...
ON A FAIT TOUT COMME VOUS VOULIEZ !
JE CROIS QU'ON A UN SÉRIEUX PROBLÈME DE COMMUNICATION...

CAUCHEMAR AU RESTAU

ÇA SUFFIT, CHEF ! JE PEUX PLUS CONTINUER !
C'EST NORMAL DE PAS AVOIR LA TECHNIQUE, AU DÉPART !
TU VAS TE RESSAISIR TOUT DE SUITE ET DÉCOUPER LES LÉGUMES COMME JE TE L'AI APPRIS !
VLAK
MAIS VOUS VOYEZ BIEN QUE J'PEUX P...
C'EST PAS UN ÉCHEC QUI VA T'ARRÊTER !
ALLEZ, ON Y RETOURNE ! N'OUBLIE PAS QUE C'EST TOI LE MEILLEUR !
FRRRROOOOO
WAOUH ! VOUS MAÎTRISEZ VRAIMENT L'ART DU FLAMBAGE !
NON...
À L'AIDE !
AU SECOURS !!!
BEUAH ! MAIS ILS SONT PAS FRAIS VOS FRUITS DE MER !
VOUS ÊTES SÛR ?
LA GUEULÉE
LA GUEULÉE
POURTANT, AUCUN CLIENT N'EST JAMAIS REVENU SE PLANDRE...
Maudits Bulots
Crevé par des Crevettes
Intoxiqué Si jeune

DANS L'INTIMITÉ DE MICHELLE

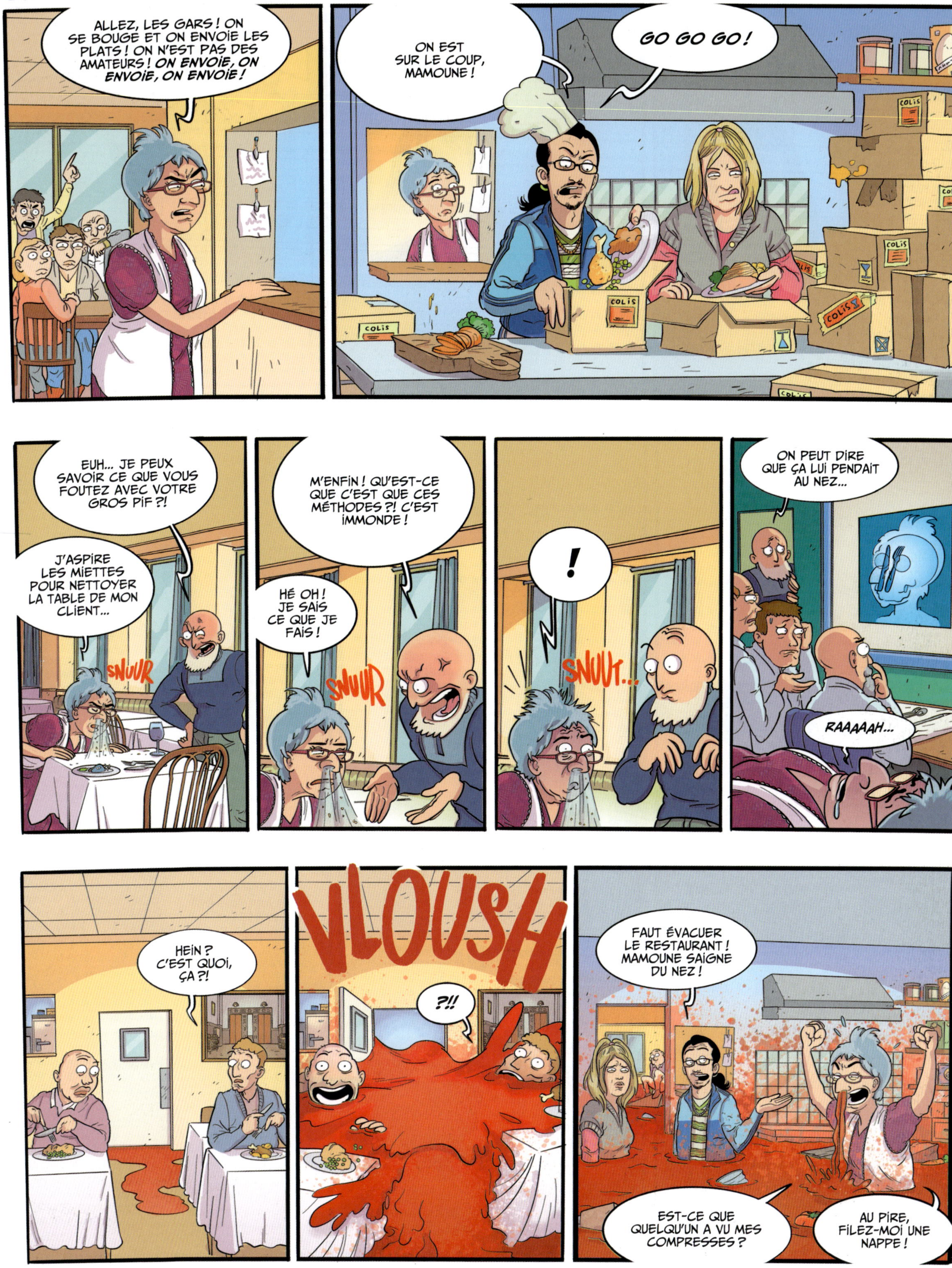

ALLEZ, LES GARS ! ON SE BOUGE ET ON ENVOIE LES PLATS ! ON N'EST PAS DES AMATEURS ! *ON ENVOIE, ON ENVOIE, ON ENVOIE !*
ON EST SUR LE COUP, MAMOUNE !
GO GO GO !
COLIS
EUH... JE PEUX SAVOIR CE QUE VOUS FOUTEZ AVEC VOTRE GROS PIF ?!
J'ASPIRE LES MIETTES POUR NETTOYER LA TABLE DE MON CLIENT...
SNUUR
M'ENFIN ! QU'EST-CE QUE C'EST QUE CES MÉTHODES ?! C'EST IMMONDE !
HÉ OH ! JE SAIS CE QUE JE FAIS !
SNUUR
!
SNUUT...
ON PEUT DIRE QUE ÇA LUI PENDAIT AU NEZ...
RAAAAAH...
HEIN ? C'EST QUOI, ÇA ?!
VLOUSH
?!!
FAUT ÉVACUER LE RESTAURANT ! MAMOUNE SAIGNE DU NEZ !
EST-CE QUE QUELQU'UN A VU MES COMPRESSES ?
AU PIRE, FILEZ-MOI UNE NAPPE !

DANS L'INTIMITÉ DE KATIA

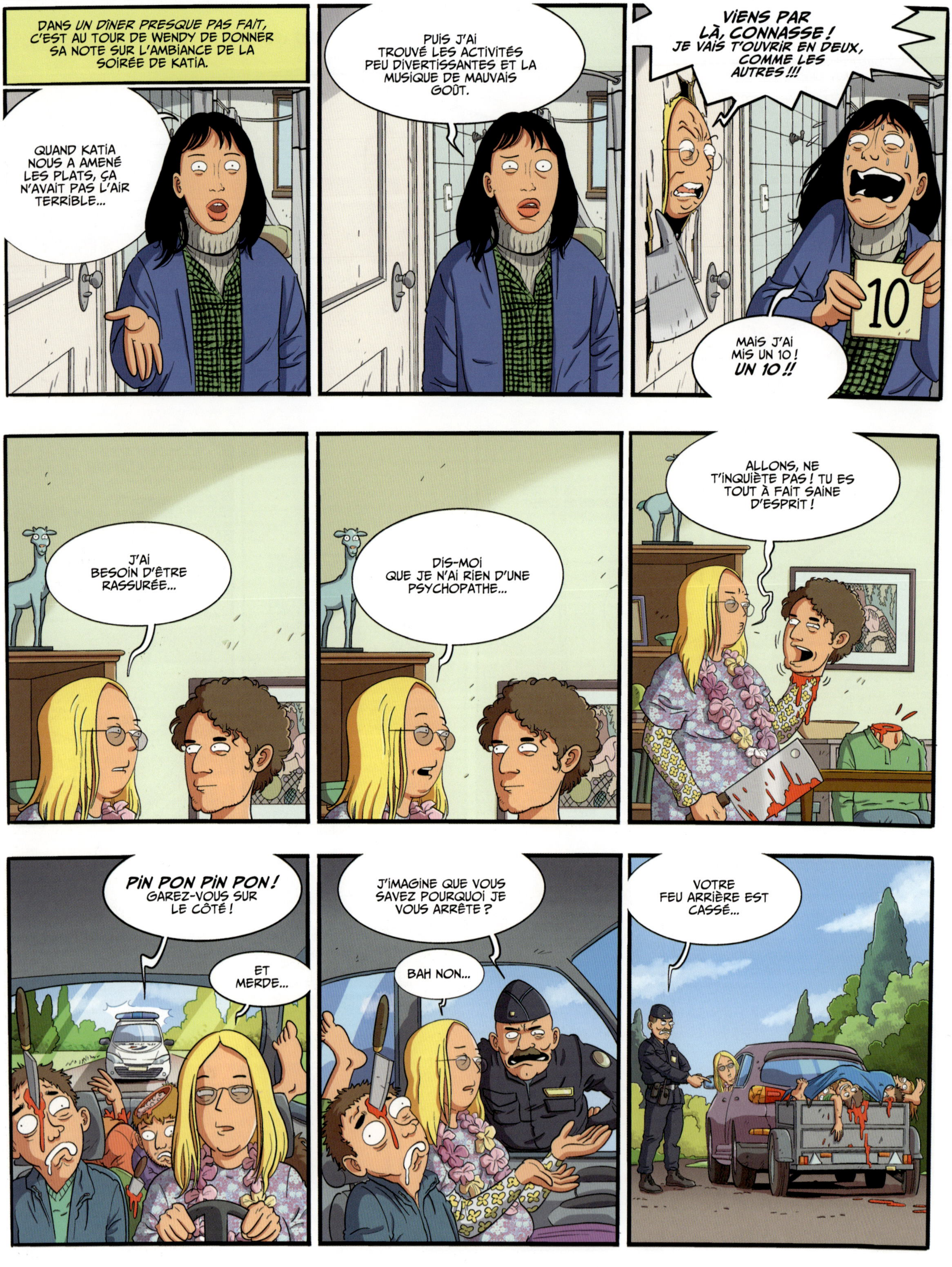

DANS UN DÎNER PRESQUE PAS FAIT, C'EST AU TOUR DE WENDY DE DONNER SA NOTE SUR L'AMBIANCE DE LA SOIRÉE DE KATIA.
QUAND KATIA NOUS A AMENÉ LES PLATS, ÇA N'AVAIT PAS L'AIR TERRIBLE...
PUIS J'AI TROUVÉ LES ACTIVITÉS PEU DIVERTISSANTES ET LA MUSIQUE DE MAUVAIS GOÛT.
VIENS PAR LÀ, CONNASSE ! JE VAIS T'OUVRIR EN DEUX, COMME LES AUTRES !!!
10
MAIS J'AI MIS UN 10 ! UN 10 !!
J'AI BESOIN D'ÊTRE RASSURÉE...
DIS-MOI QUE JE N'AI RIEN D'UNE PSYCHOPATHE...
ALLONS, NE T'INQUIÈTE PAS ! TU ES TOUT À FAIT SAINE D'ESPRIT !
PIN PON PIN PON ! GAREZ-VOUS SUR LE CÔTÉ !
ET MERDE...
J'IMAGINE QUE VOUS SAVEZ POURQUOI JE VOUS ARRÊTE ?
BAH NON...
VOTRE FEU ARRIÈRE EST CASSÉ...

DRAW MY LIFE
Moi c'est AnthO!! Et bienvenue dans ma VidéO Aujourd'hui Je vous raconte Toute ma Vie en dessin
J'adore les Jeux Videos
FIN
ALLEZ, STEUPLÉ, MAMAN ! C'EST UNE SUPER IDÉE !
NON, ANTHO ! NON ! JE NE FERAI PAS DE CACHE-CACHE GÉANT AVEC TOI !
MAIS ALLEEEZ ! PLEIN DE YOUTUBEURS ONT FAIT ÇA ! CACHE-CACHE DANS UN CENTRE COMMERCIAL, DANS UN PARC D'ATTRACTIONS...
C'EST LE TROPHÉE DES 100K ASSURÉ !
J'EN AI RIEN À FOUTRE DE TON TROPHÉE.
T'ES VRAIMENT NULLE, DES FOIS ! ON PEUT JAMAIS COMPTER SUR TOI !
HÉ ! ARRÊTE DE ME PRENDRE LA TÊTE AVEC TES IDÉES À LA C...
CRASH
ZOOM ZOOM ZOO
POLICE NATIONALE
POLICE NATIONALE

»

CACHE-CACHE GÉANT ! AIDE LA POLICE À RETROUVER ANTHO ET VIVIANE !

GIRAFE
LION
HIBOU
PERROQUET

HÉ ! C'EST PAS ARNAUD QUI SE NOIE, LÀ-BAS ?
PAS DU TOUT ! C'EST DAMIEN ! UN DES ROUGES !!!
PUNAISE ! UN DES NÔTRES EST EN TRAIN DE SE NOYER !
AH OUI ! C'EST DAMIEN !
CLOUP
DRRIIIINNNGG
ALLÔ... ICI L'HÔPITAL... VOTRE FILS VIENT DE MOURIR NOYÉ...
QUELLE HORREUR ! DITES-MOI QUE C'EST UNE BLAGUE !
MAIS ENFIN, C'EST IMPOSSIBLE ! EN PLUS, LUCAS EST UN EXCELLENT NAGEUR !
EUH... JE VOUS PARLE DE SON PETIT FRÈRE... DAMIEN.
FIOUUU... VOUS NOUS AVEZ FAIT UNE DE CES PEURS !!
OH, DIEU MERCI !

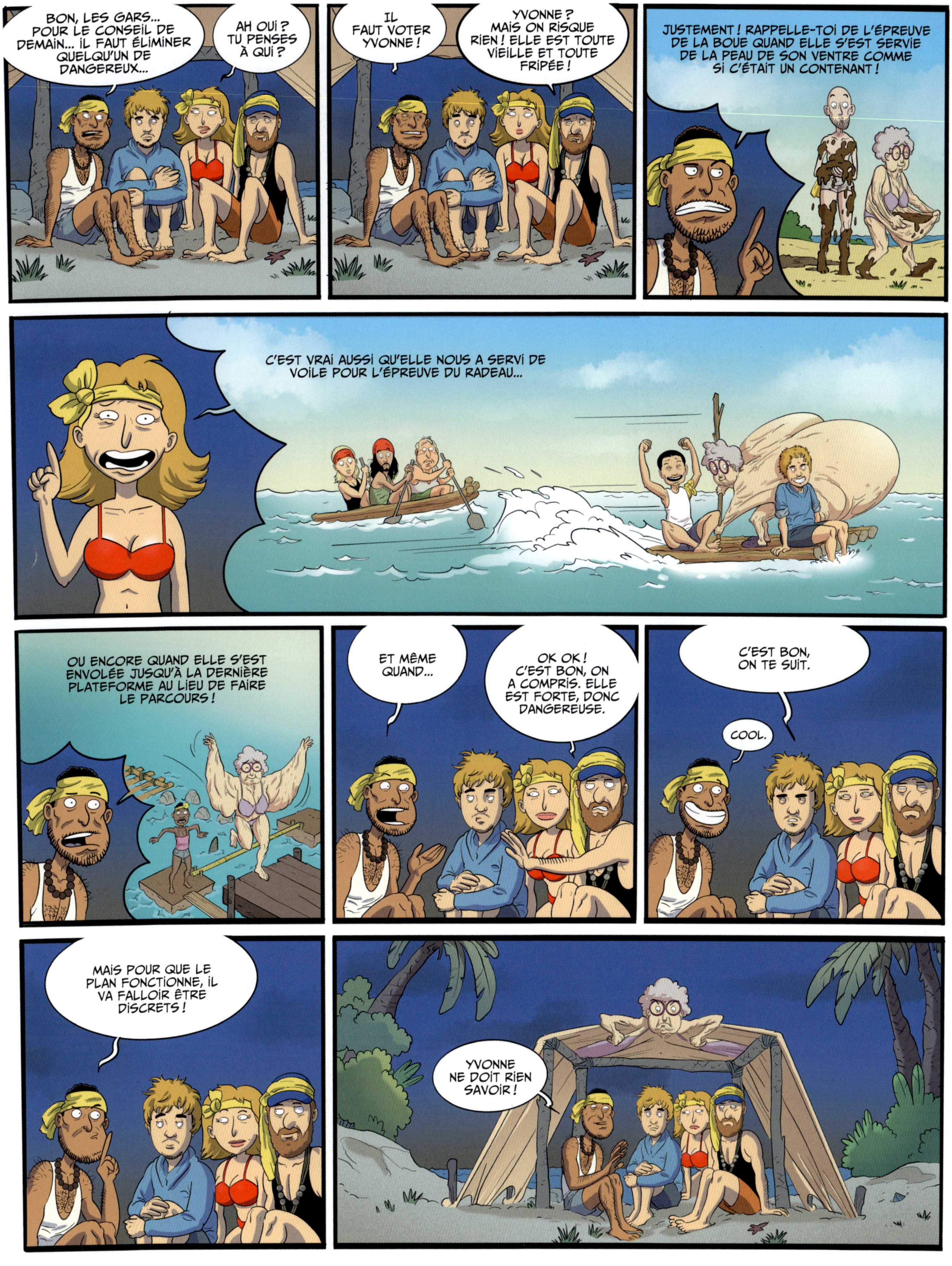
BON, LES GARS... POUR LE CONSEIL DE DEMAIN... IL FAUT ÉLIMINER QUELQU'UN DE DANGEREUX...
AH OUI ? TU PENSES À QUI ?
IL FAUT VOTER YVONNE !
YVONNE ? MAIS ON RISQUE RIEN ! ELLE EST TOUTE VIEILLE ET TOUTE FRIPÉE !
JUSTEMENT ! RAPPELLE-TOI DE L'ÉPREUVE DE LA BOUE QUAND ELLE S'EST SERVIE DE LA PEAU DE SON VENTRE COMME SI C'ÉTAIT UN CONTENANT !
C'EST VRAI AUSSI QU'ELLE NOUS A SERVI DE VOILE POUR L'ÉPREUVE DU RADEAU...
OU ENCORE QUAND ELLE S'EST ENVOLÉE JUSQU'À LA DERNIÈRE PLATEFORME AU LIEU DE FAIRE LE PARCOURS !
ET MÊME QUAND...
OK OK ! C'EST BON, ON A COMPRIS. ELLE EST FORTE, DONC DANGEREUSE.
C'EST BON, ON TE SUIT.
COOL.
MAIS POUR QUE LE PLAN FONCTIONNE, IL VA FALLOIR ÊTRE DISCRETS !
YVONNE NE DOIT RIEN SAVOIR !

DANS L'INTIMITÉ DE MIKE KORN

ALLONS, M. KORN ! CE N'EST QU'UNE TOUTE PETITE PIQÛRE !
PITIÉ ! NOOOOOOOOOON ! BOUHOUHOU !
ARRÊTEZ DE FAIRE LE BÉBÉ !
ALLEZ, UN PEU DE COURAGE, MERDE !

DANS L'INTIMITÉ DE JOSETTE

ET DONC, VOUS SOUHAITEZ TRAVAILLER DANS NOTRE HÔPITAL ?
OUI... J'ADORE SAUVER LES GENS !
TRÈS BIEN, ÇA... ET JE LIS DANS VOTRE CV QUE VOUS AVIEZ MONTÉ UNE ENTREPRISE DE DÉMÉNAGEMENT... VOUS AIMEZ CONDUIRE ?
CARRÉMENT ! C'EST L'UNE DE MES PASSIONS !
HMM... ON RECHERCHE JUSTEMENT DES CONDUCTEURS EXPÉRIMENTÉS POUR LES INTERVENTIONS D'URGENCE... ON POURRAIT PEUT-ÊTRE FAIRE UN ESSAI ?
TROP COOL ! VOUS LE REGRETTEREZ PAS !
PLUS TARD...
URGENCES
ON VERRA BIEN SI JOSETTE EST COMPÉTENTE POUR CE TRAVAIL !
PIN PON PIN PON
MAIS NOOON ! DÉJÀ ?!
MEDECIN
SAMU
ET VOILÀ LE TRAVAIL !
WAHOOOU ! VOUS VENEZ D'ARRIVER DEUX FOIS PLUS VITE QUE TOUS MES AUTRES CHAUFFEURS ! BRAVO !
TABAC
JE VOUS L'AI DIT... C'EST PLUS FORT QUE MOI... J'ADORE SAUVER LES GENS !
URGENCES

HÉ ! SALUT, LES AMIS ! ON SE RETROUVE POUR UNE TOUTE NOUVELLE VIDÉO !
VOUS VOUS DEMANDEZ SÛREMENT CE QUE JE FAIS DANS UNE BOÎTE, DÉGUISÉ EN CLOWN TUEUR ? C'EST TRÈS SIMPLE... ON VA FAIRE UN *PRANK* !
J'AI CRÉÉ CETTE BOÎTE MYSTÈRE QUE J'AI PLACÉE DANS UNE RUE PIÉTONNE DE MA VILLE !
LES GENS QUI OSERONT L'OUVRIR ME VERRONT SURGIR ET AURONT LA PEUR DE LEUR VIE !
PFRRR ... MDR, QUOI !
COMME D'HAB, ABONNEZ-VOUS, LÂCHEZ VOS POUCES ! J'ESPÈRE QUE VOUS ALLEZ KIFFER LE CONCEPT !
EN TOUT CAS, UNE CHOSE EST SÛRE...
ÇA VA ÊTRE DE LA BOMBE.
C'EST BON LES GARS, ON EST PRÊT À FAIRE EXPLOSER LE PAQUET !

COMBIEN POUR CE BIBELOT ?
EUH... JE PEUX VOUS LE FAIRE À 40 $...
VENDU.
HÉ, PAPA ! TU VAS ÊTRE FIER ! J'AI VENDU UN VASE À 40 $!
QUOI ? PAS LE VASE MING, AU MOINS ?!
BEN SI.
TRIPLE BUSE ! CE VASE COÛTE DANS LES 2000 $!!!
TU VEUX ME RUINER OU QUOI ?!
HÉÉÉ... DOUCEMENT, PAPA !
ALORS... ON SE BASTONNE ?
J'SUIS SÛR QUE CONNERY A ENCORE FAIT UNE BOULETTE.
QU'EST-CE QUE TU VEUX, TOI ?
OH, RIEN... J'AI JUSTE ACHETÉ UN SUPER TRUC QU'ON VA POUVOIR REVENDRE UN MAX DE THUNE !
MON VASE ! BIEN JOUÉ !
J'AI EU SI PEUR QU'ON SE FASSE ENFLER...
EUH... ATTENDS VOIR... TU L'AS RACHETÉ COMBIEN ?
SEULEMENT 7000 $, POURQUOI ?
à vendre
à vendre
À VENDRE : Lot de 2 crétins

MON PÈRE VEUT QU'ON PRENNE CE VIEUX JOUET EN PHOTO POUR LE METTRE EN VENTE...
AH OUAIS ?
SUPER COLLECTION COLLECCION SERIE
Kewer
ATTENDS, ON VA LUI FAIRE UNE POSE STYLÉE !
COOL !
ALORS, LES GARS, ÇA AVANCE CE SHOOTING ?
GRAVE ! ON S'ÉCLATE !
MAIS MAIS MAIS... CONNERY, CHEUMLY... QU'EST-CE QUE VOUS AVEZ FOUTU ?! VOUS L'AVEZ SORTI DE SA BOÎTE ?!
CE TRUC EN PLASTIQUE TOUT POUSSIÉREUX, LÀ ?
MAIS BANDE DE CRÉTINS ! SOUS BLISTER, IL VALAIT DANS LES 800 $! VOUS VENEZ DE LUI FAIRE PERDRE LA MOITIÉ DE SA VALEUR !
AH OUAIS ? DÉSOLÉ...
DÉSOLÉ ? DÉSOLÉ ?! IL A PERDU LA MOITIÉ DE SA VALEUR, PUTAIN !
BOM BOM
BOM BOM
OULAH ! FAUT S'DÉTENDRE !
BOM BOM BOM
LA MOITIÉ ! LA MOITIÉ !
MAIS OUAIS, PAPA ! CALME-TOI !
BOM BOM BOM
LA MOITIÉ ! LA MOITIÉ !
PAPA ?
IL A PERDU LA MOITIÉ DE SON CERVEAU...

PFFF ! QUELLE ARNAQUE ! ÇA SE VOIT QUE C'EST UN FAUX !
AH OUAIS ?
TU T'Y CONNAIS TELLEMENT ! C'EST DINGUE !
JE VOUS PRENDS CETTE STATUE À 100 $.
200 $.
150.
VENDU.
HÉ, LES GARS ! JE VIENS DE VENDRE UNE STATUE TOUTE PÉTÉE ! HA HA HA !
ENCORE UN CON QUI S'EST BIEN FAIT NIQUER.
PAWN Store
REGARDE TOUT CE QUE J'AI ACHETÉ AUX ENCHÈRES ! C'EST TELLEMENT COOL D'ACHETER DES TRUCS !
MAIS ENFIN ! C'EST N'IMPORTE QUOI, CHEUMLY !
TU VAS NOUS RUINER ! J'VAIS L'DIRE À MON PÈRE ! T'AS PAS LE DROIT D'ACHETER TOUT ET N'IMPORTE QUOI !
ATTENDS !
EST-CE QUE JE PEUX ACHETER TON SILENCE ?
...

DANS L'INTIMITÉ DE SIDNEY ET VINCE

HÉ, SIDNEY ! VIENS UN PEU PAR LÀ ! J'AI UN PETIT CADEAU POUR TOI !
UN CADEAU ?! C'EST QUOI, WESH ?
IL T'ATTEND DEHORS. UN INDICE : IL EST ROUGE, ÇA ROULE ET TU PEUX MONTER DESSUS !
WHAAAT ?! VAS-Y, FAIS VOIR !
TADAAAAA !!! ALORS, QU'EST-CE QUE TU EN PENSES ?!
WAHOU ! J'ADORE, WESH !
C'EST TROP OUF ! AVEC PLEIN DE MECS, EN PLUS ! JE PENSAIS PAS QUE T'ÉTAIS AUSSI GÉNÉREUX, WESH !
C'EST UNE SUPER SURPRISE ! MERCI, VINCE !!!
EUH... SIDNEY...

C'EST TON CHOIX

BONJOUR À TOUS ET BIENVENUE DANS CETTE ÉMISSION SPÉCIALE SOSIES ! VOUS ALLEZ AVOIR LA CHANCE DE DÉCOUVRIR LES COPIES CONFORMES DE PERSONNALITÉS TELLES QUE... MICHAEL JACKSON ! JACK SPARROW !
ET MÊME... EUH... SUZANNE BOYLE ? UGLY BETTY ?
NON, PAS DU TOUT.
JE SUIS VOUS, ÉVELYNE.
PARDON ?
MAIS ENFIN, PAS DU TOUT !
BEN, Y A UN AIR, QUAND MÊME !
VOUS VOYEZ !
NON, MAIS ATTENDEZ... JE RESSEMBLE PAS À UNE HORREUR PAREILLE !
QUOI ?!
L'HORREUR, ELLE T'EMMERDE, PAUV' CONNE !
ARGL !
PAF
AÏE ! SÉCURITÉÉÉ !!!
Hi Hiiiii !
SACRÉ PUNCH !
PAF PAF
VOUS TROUVEZ PAS QU'ELLES SE RESSEMBLENT, VOUS ?
HMM... JE SAIS PAS TROP...
REGARDEZ DE PLUS PRÈS... CE VISAGE... CETTE COIFFURE... CE LOOK...
HMM...
MAINTENANT QUE VOUS LE DITES...

… C'EST VRAI QUE LA RESSEMBLANCE EST FRAPPANTE !

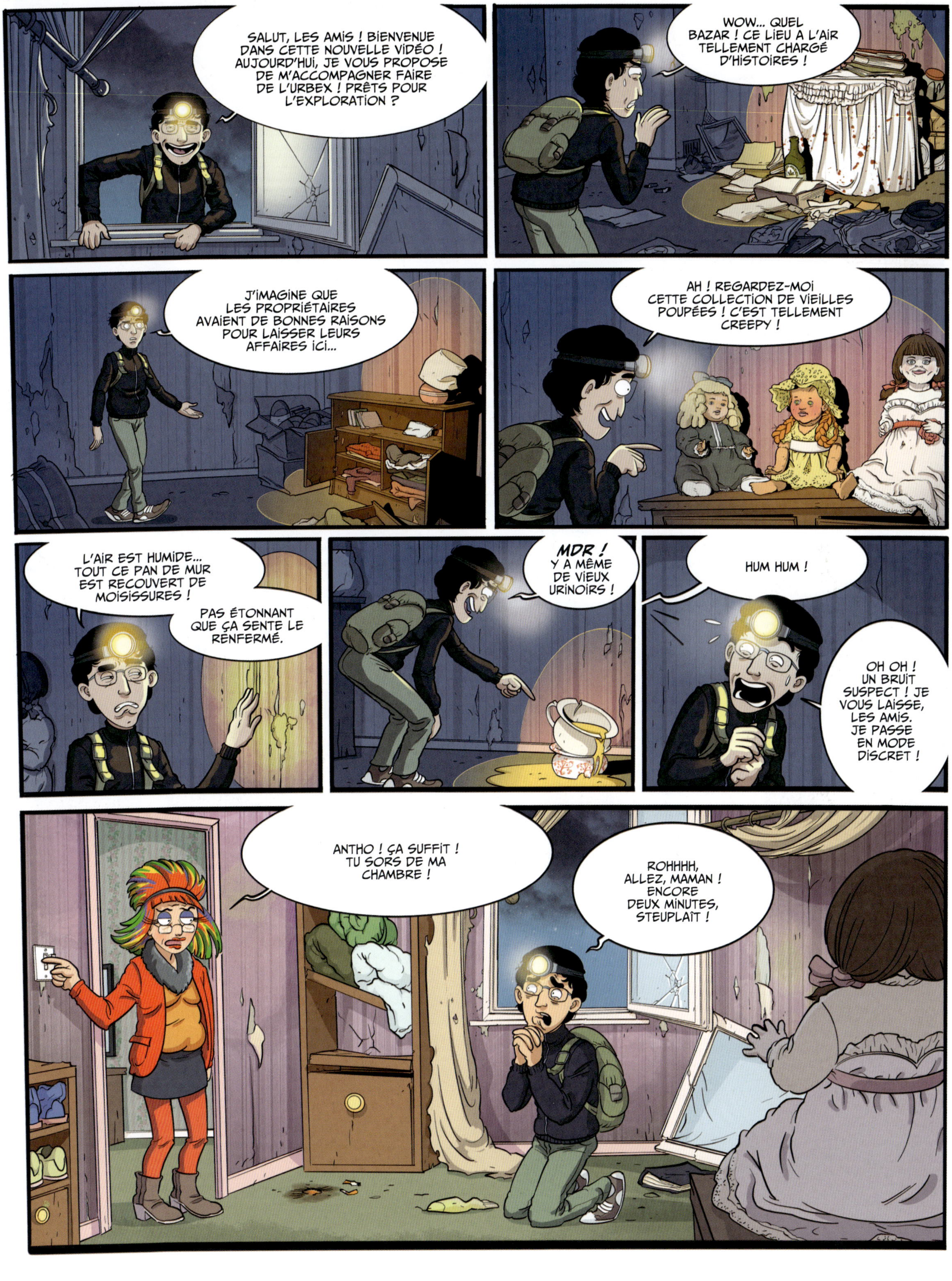

SALUT, LES AMIS ! BIENVENUE DANS CETTE NOUVELLE VIDÉO ! AUJOURD'HUI, JE VOUS PROPOSE DE M'ACCOMPAGNER FAIRE DE L'URBEX ! PRÊTS POUR L'EXPLORATION ?
WOW... QUEL BAZAR ! CE LIEU A L'AIR TELLEMENT CHARGÉ D'HISTOIRES !
J'IMAGINE QUE LES PROPRIÉTAIRES AVAIENT DE BONNES RAISONS POUR LAISSER LEURS AFFAIRES ICI...
AH ! REGARDEZ-MOI CETTE COLLECTION DE VIEILLES POUPÉES ! C'EST TELLEMENT CREEPY !
L'AIR EST HUMIDE... TOUT CE PAN DE MUR EST RECOUVERT DE MOISISSURES !
PAS ÉTONNANT QUE ÇA SENTE LE RENFERMÉ.
MDR ! Y A MÊME DE VIEUX URINOIRS !
HUM HUM !
OH OH ! UN BRUIT SUSPECT ! JE VOUS LAISSE, LES AMIS. JE PASSE EN MODE DISCRET !
ANTHO ! ÇA SUFFIT ! TU SORS DE MA CHAMBRE !
ROHHHH, ALLEZ, MAMAN ! ENCORE DEUX MINUTES, STEUPLAIT !

DANS L'INTIMITÉ DES PRÉSENTATEURS DE TV SHOPPING

TV SHOPPING
RESTÔ
À DEMAIN, NATACHA !
ON A BIEN VENDU, AUJOURD'HUI !
CARRÉMENT !
JE TROUVE ÇA DINGUE, QUAND J'Y PENSE...
?
LES GENS ACHÈTENT TOUT ET N'IMPORTE QUOI !
HA HA ! C'EST CLAIR !
SEPHOURÉ
BURGER QUEEN
palpe
ID LabraDior Parfum pour chien
SAMSOUL
boui-bouigues
MARTY
nafnac
PELVI'S
ILS SONT TELLEMENT INFLUENÇABLES.

TV SHOPPING

DÉPÊCHEZ-VOUS ! C'EST LA DERNIÈRE FOIS QU'ON VOUS LE PRÉSENTE ! NOTRE BROYEUR MIX N'TWIST PART COMME DES PETITS PAINS !
PRIX CHOC
399,99 €
99,99 €
VOUS AURIEZ TORT DE NE PAS COMMANDER TOUT DE SUITE !
PLUS QUE 9 EXEMPLAIRES DISPONIBLES
ALORS... QU'ATTENDEZ-VOUS ?
MIX N'TWIST
ET N'OUBLIEZ PAS ! POUR TOUT ACHAT D'UNE PELUCHE HUGGY LOVE, 1 € EST REVERSÉ À L'ASSOCIATION QUI LUTTE CONTRE LE TRAVAIL FORCÉ DES ENFANTS EN BIRMANIE !
JE T'AIME !
HUGGY LOVE
JE T'AIME !
JE T'AIME !
JE T'AIME !
JE T'AIME !
JE T'AIME !
JE T'AIME !
NON, NON, NON ET NON, MARIE-HÉLÈNE !
OUI, ON EST UN TÉLÉ-ACHAT ! OUI, ON VEND TOUT ET N'IMPORTE QUOI... MAIS IL Y A DES LIMITES ! VOTRE PRODUIT NE MARCHERA JAMAIS !
QUI SERAIT ASSEZ BÊTE POUR ACHETER ÇA ?
Le Monde à l'envers

J'Y CROIS PAS ! QUI VOUS A DIT DE VENDRE LES CASES DE CETTE BD ? ILS VONT RIEN COMPRENDRE AU GAG !

BOOK
OH, MON DIEU !
VENEZ VITE, LES AMIS !
RODOLPHE A OUVERT UNE NOIX DE COCO !
OUAIS ! YOUPI !!
C'EST ÇA ! DORMEZ PAR TERRE, BANDE DE NASES ! MOI, JE VAIS ME PIEUTER DANS LE HAMAC QUE J'AI TROUVÉ !
DEPUIS QUAND Y A DES HAMACS, SUR CETTE ÎLE ?
CHERS AVENTURIERS, VOUS AVEZ PERDU DES ÉQUIPIERS, AUJOURD'HUI...
RODOLPHE, ASSOMMÉ PAR UNE NOIX DE COCO...
MOHAMED, MANGÉ PAR UNE ARAIGNÉE GÉANTE...
LES PAUVRES, C'EST VRAIMENT BÊTE DE MOURIR COMME ÇA...
MOUAIS...
PAS PLUS QUE STELLA QUI A ÉTERNUÉ EN TENANT LA MACHETTE...

ANTHO GAMING : OBJECTIF 100 000 ABONNÉS

BAH... OÙ VAS-TU, ANTHO ?
JE SORS POUR M'ENTRAÎNER. J'AI EU L'ACCORD DU YOUTUBER MEGA SPORTIF TIBO IN SHAKE POUR FAIRE UNE VIDÉO AVEC LUI DANS UN MOIS !
C'EST UNE STAR, JE DOIS ÊTRE PRÊT ! HORS DE QUESTION D'AVOIR HONTE !
JOUR 1
JOUR 2
SUPER NASEAU
JOUR 5
GNNN
500 KG
JOUR 12
JOUR 18
GRUNCH
JOUR 23
MMFFFF
JOUR 29
Si ARNOLD le peut, toi aussi !!!
JOUR J
DAMN, LES GENS, C'EST TIBO ! ET AUJOURD'HUI, ON VA FAIRE DU SPORT AVEC ANTHO !
WÉÉÉ !
ET 1 ! ET 2 ! ET 3 !

C'EST TON CHOIX
C'EST QUAND MÊME FOU, CETTE RESSEMBLANCE AVEC MICHAEL JACKSON !
MERCI, ÉVELYNE ! MAIS VOUS SAVEZ, CE SONT DE NOMBREUSES OPÉRATIONS CHIRURGICALES...
IL FALLAIT AU MOINS ÇA POUR RESSEMBLER À CETTE LÉGENDE... D'AILLEURS, VOUS POURRIEZ NOUS REFAIRE UNE PETITE DANSE ?
HI HI ! MAIS OUI, AVEC PLAISIR !
ÇA DONNE UN TRUC DANS LE GENRE...
HAN !
LET'S GO !
HiHiii
DON'T STOP !
HAN !
MOONWALK !
SPINDANCE !
HI-HI !
ET EN TANT QUE SOSIE OFFICIEL DE JACK SPARROW, J'IMAGINE QUE VOUS SAVEZ VOUS BATTRE À L'ÉPÉE ?
OH, MAIS CARRÉMENT ! JE PEUX MÊME VOUS FAIRE UNE DÉMO !
C'EST DU TRAVAIL D'APPRENDRE À MANIER UNE ARME !
J'EN AI MÊME UNE DEUXIÈME !
CLASSE, NON ?
OH ! ET REGARDEZ CE QUE JE SAIS FAIRE !
ON PEUT APPLAUDIR JACK SPARROW POUR SA PERFORMANCE !
CLAP CLAP CLAP
CLAP CLAP CLA

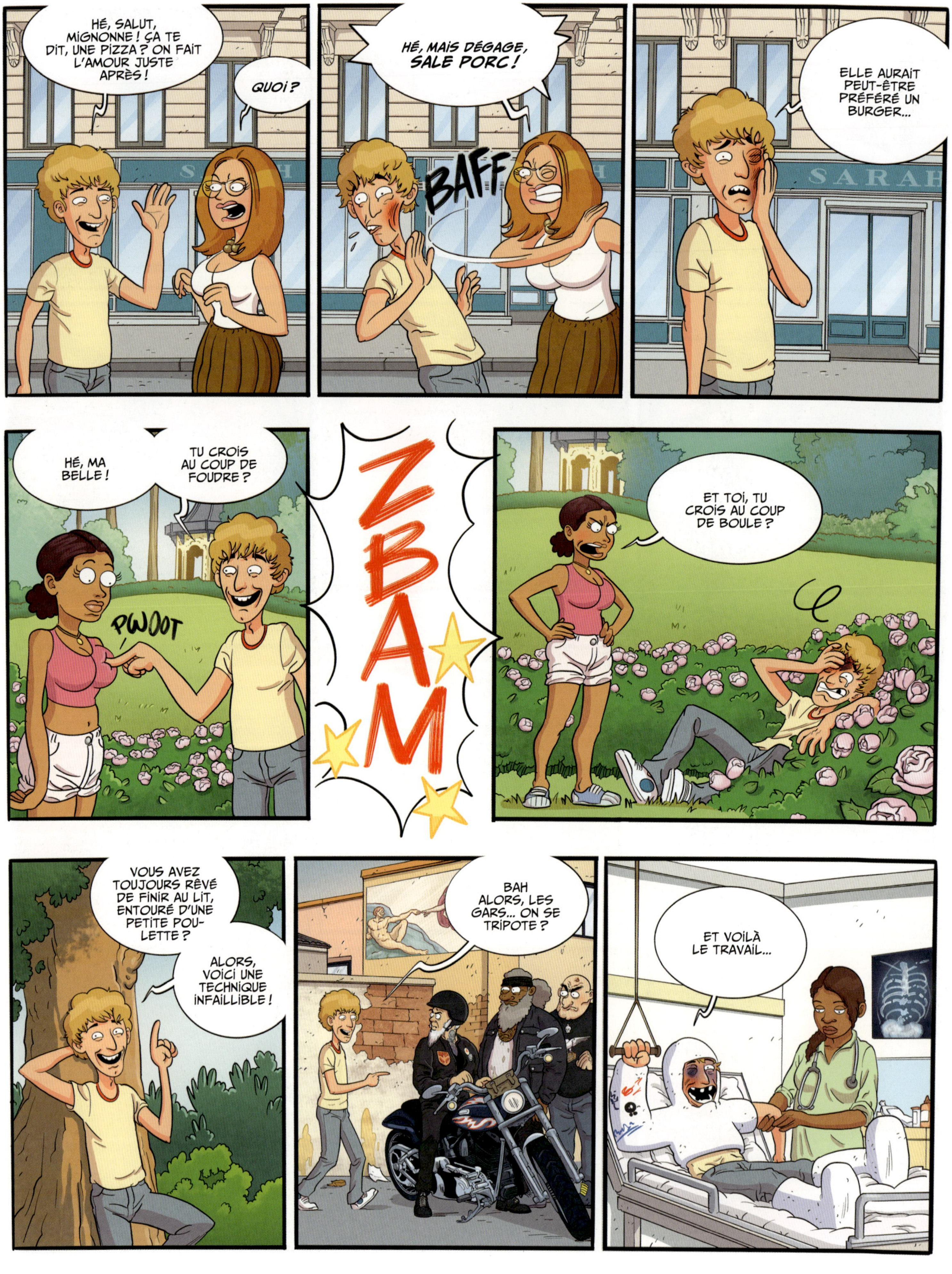
HÉ, SALUT, MIGNONNE ! ÇA TE DIT, UNE PIZZA ? ON FAIT L'AMOUR JUSTE APRÈS !
QUOI ?
HÉ, MAIS DÉGAGE, SALE PORC !
BAFF
ELLE AURAIT PEUT-ÊTRE PRÉFÉRÉ UN BURGER...
HÉ, MA BELLE !
TU CROIS AU COUP DE FOUDRE ?
PWOOT
ZBAM
ET TOI, TU CROIS AU COUP DE BOULE ?
VOUS AVEZ TOUJOURS RÊVÉ DE FINIR AU LIT, ENTOURÉ D'UNE PETITE POULETTE ?
ALORS, VOICI UNE TECHNIQUE INFAILLIBLE !
BAH ALORS, LES GARS... ON SE TRIPOTE ?
ET VOILÀ LE TRAVAIL...

ANTHO GAMING : OBJECTIF 100 000 ABONNÉS

CHERS VIEWERS, JE VAIS ÊTRE HONNÊTE : VOUS M'AVEZ DÉÇU. J'EN AI RAS-LE-BOL DE NE PAS AVOIR MES 100 000 ABONNÉS. JE VOUS AI POURTANT PROPOSÉ PLEIN DE CONTENUS DIVERTISSANTS ET TRÈS QUALITATIFS. JE CROIS QUE JE DOIS CHANGER DE MÉTHODE.
CARAMEL
UNE BOMBE EST CACHÉE AU HASARD DANS LA VILLE. ELLE VA EXPLOSER SI J'APPUIE SUR LE BOUTON, JUSTE ICI !
SI VOUS NE VOUS ÊTES PAS ABONNÉS D'ICI 24 HEURES, JE...
ANTHO? QUEST-CE QUE TU FOUS ?
GLOUPS ! COUCOU, MAMAN !
TU VEUX FAIRE EXPLOSER LA VILLE POUR UN PUTAIN DE TROPHÉE YOUTUBE ?!
MAIS MAMAN... MES VIDÉOS MARCHENT PAS... JE SUIS UN BON À RIEN...
ENFIN, ANTHO ! DIS PAS DE BÊTISES ! T'ES PAS UN BON À RIEN !
MAIS SI ! J'ARRIVE PAS À ÊTRE CONNU. JE SUIS TROP DÉBILE !
PFFF, N'IMPORTE QUOI ! ET PUIS, POURQUOI VOULOIR ÊTRE CONNU ? POURQUOI VOULOIR FAIRE LE BUZZ À TOUT PRIX ?
JE VOULAIS ME SENTIR IMPORTANT...
MON PAUVRE ANTHO...
TU NE L'ES PEUT-ÊTRE PAS SUR INTERNET, MAIS TU L'ES DANS MON CŒUR...
WOW !
JE SUIS TON ABONNÉE POUR LA VIE ! ALORS NE DIS PLUS JAMAIS QUE T'ES DÉBILE !
TU VIENS DE M'OUVRIR LES YEUX... MERCI.
ALLEZ, VIENS DANS MES BRAS, ANTHO !
MAMAN !!
JE T'AIME.
BIP
BOOMM

»

ATTENDS, ANTHO... T'AVAIS CACHÉ TA BOMBE DANS NOTRE MAISON ?
JE RETIRE CE QUE J'AI DIT. T'AS RAISON : T'ES DÉBILE.

Et si tu t'abonnais vraiment à la chaîne d'**Antho Gaming**
pour l'aider à avoir son trophée des 100 000 abonnés ?

https://m.youtube.com/channel/UCI6RZZJdOFsvCFwjldkf_KA

MICHELLE
ETJTEBAISE
CONNERY
EVELYNE
MICKAËL
CHEUMLY
ERIC
PIERRE